mamã

mama

papá

papa

menino

nen

menina

nena

1

um

un

2

dois

dos

3

três

tres

4

quatro

quatre

5

cinco

cinc

6

seis

sis

7

sete

set

8

oito

vuit

9

nove

nou

10

dez

deu

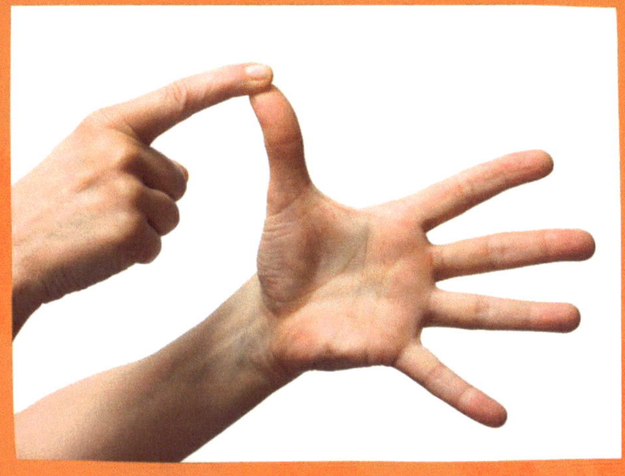

contar

comptar

escrever

escriure

desenhar

dibuixar

pintar

pintar

círculo

cercle

quadrado

quadrat

retângulo

rectangle

triângulo

triangle

estrela

estrella

preto

negre

branco

blanc

castanho

marró

vermelho

vermell

azul

blau

amarelo

groc

verde

verd

roxo

violat

cinzento

gris

laranja

taronja

rosa

rosa

maçã

poma

banana

plàtan

ananás

pinya

melancia

síndria

pera

pera

uvas

raïm

manga

mango

pêssego

préssec

morango

maduixa

cereja

cirera

laranja

taronja

coco

coco

limão

llimona

cogumelo

bolet

milho

blat de moro

tomate

tomàquet

abóbora

carbassa

pepino

cogombre

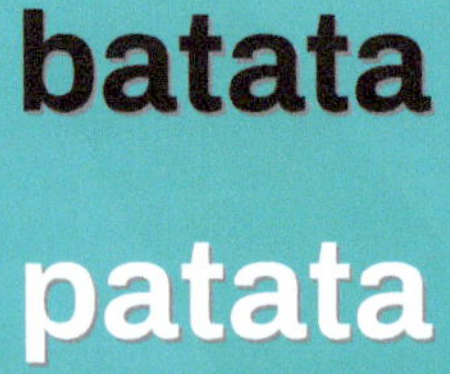

cenoura

pastanaga

batata

patata

curgete

carbassó

espinafre

espinacs

couve-flor

coliflor

ovo

ou

prato

plat

colher

cullera

faca

ganivet

garfo

forquilla

bolo

pastís

biberão

biberó

doces

llaminadures

queijo

formatge

beber

beure

comer

menjar

quente

calent

frio

fred

pequeno

petit

grande

gran

 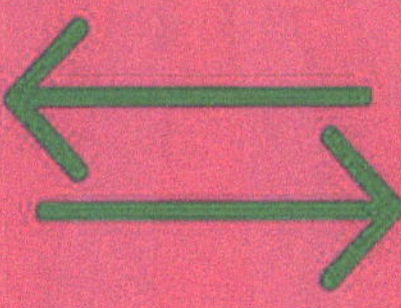 

curto

curt

longo

llarg

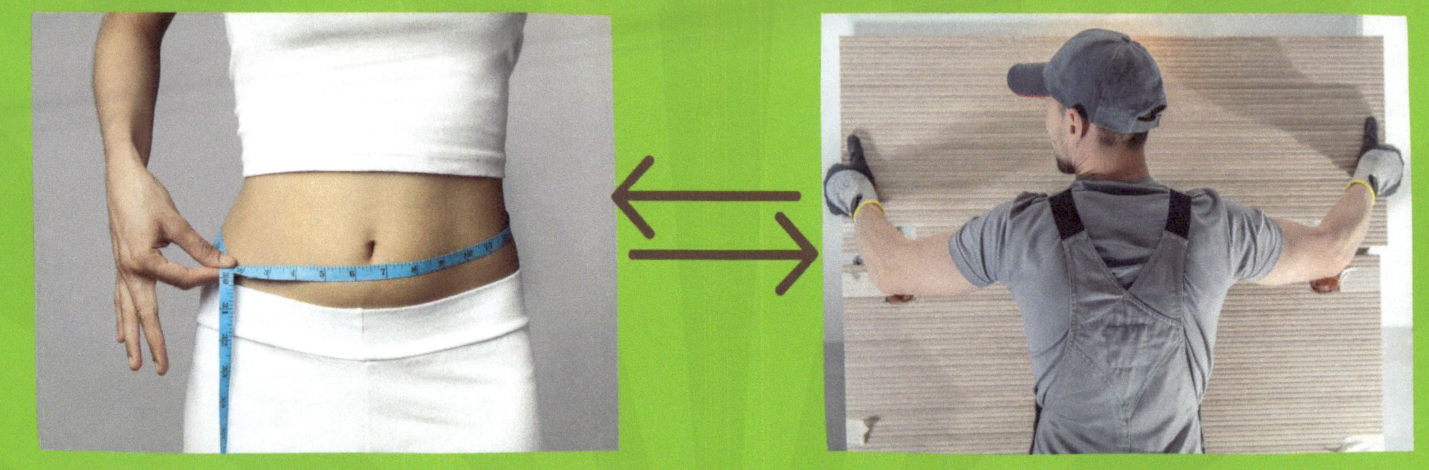

fino

prim

grande

gran

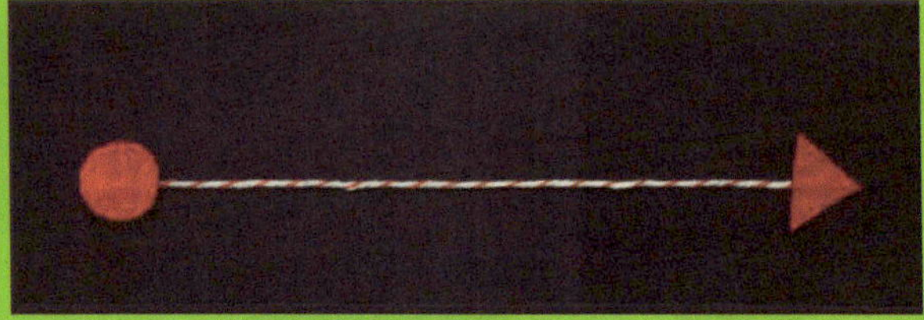

fácil

fàcil

difícil

difícil

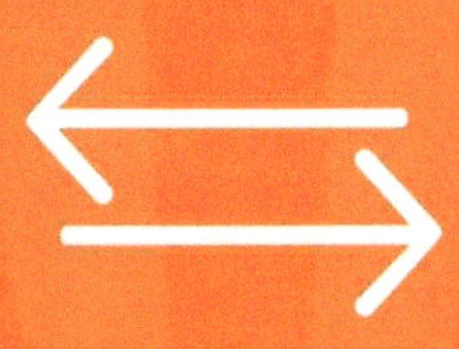

levantar-se

aixecar-se

sentar-se

seure

doce

dolç

salgado

salat

pesado ⇄ **leve**

pesat · lleuger

dentro ⇄ **fora**

dins · fora

sujo

brut

limpo

net

fechar

tancat

abrir

obert

lápis

llapis

relógio

rellotge

chave

clau

livro

llibre

cama

llit

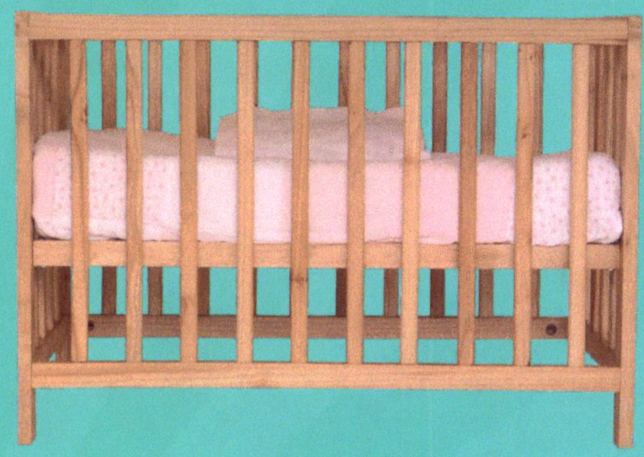

berço

bressol

mesa

taula

cadeira

cadira

carro

cotxe

bicicleta

bicicleta

avião

avió

barco

vaixell

comboio

tren

helicóptero

helicòpter

camião dos bombeiros

camió de bombers

bombeiro

bomber

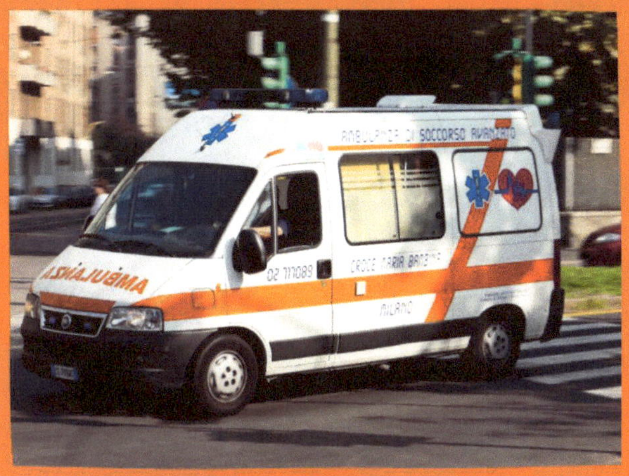

ambulância

ambulància

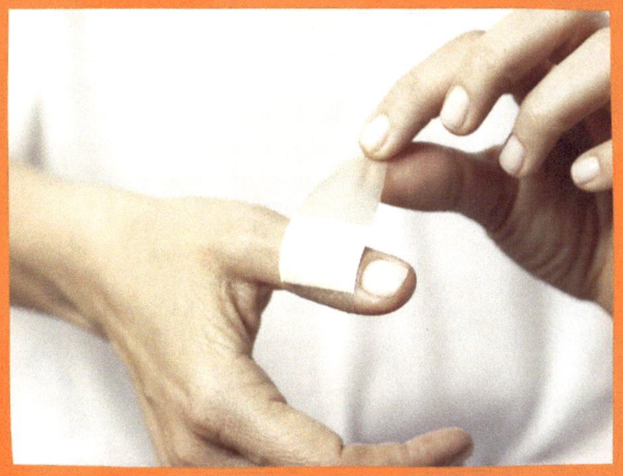

ligadura

embenatge

paramédico

paramèdic

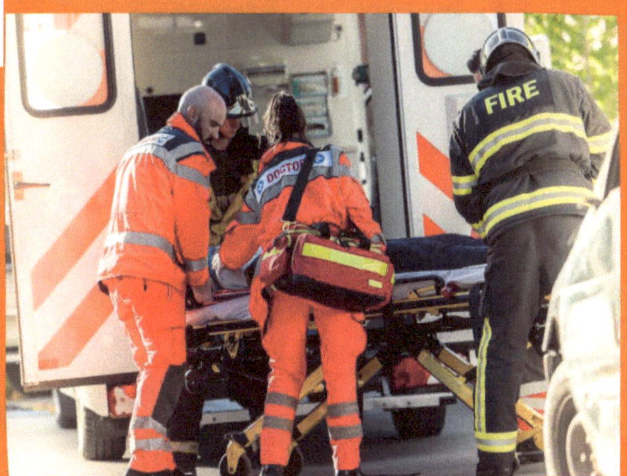

equipa de resgate

equip de rescat

floresta

bosc

montanha

muntanya

relva

herba

areia

sorra

árvore

arbre

flor

flor

borboleta

papallona

formiga

formiga

gato

gat

cão

gos

cavalo

cavall

rato

ratolí

vaca

vaca

porco

porc

ovelha

ovella

pato

ànec

ganso

oca

coelho

conill

peixe

peix

veterinário

veterinari

médico

doctor

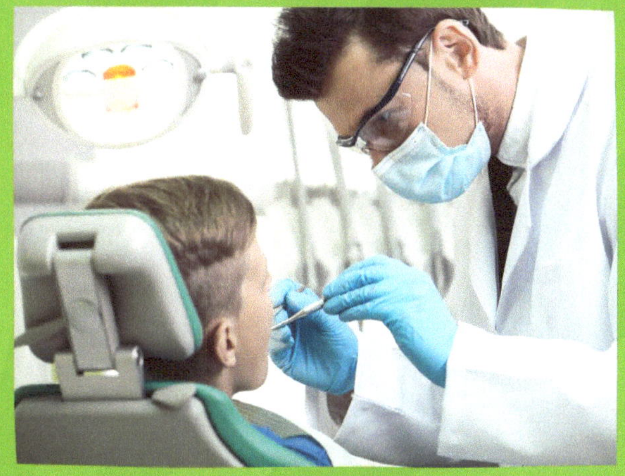

dentista

dentista

farmacêutico

farmacèutic

enfermeira

infermera

cabeça

cap

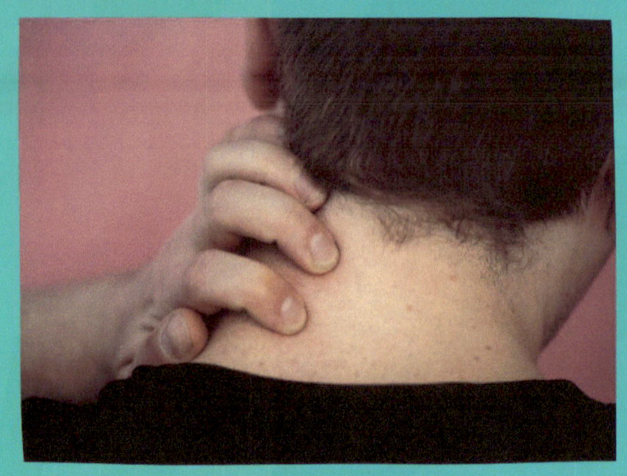

pescoço

coll

pé

peu

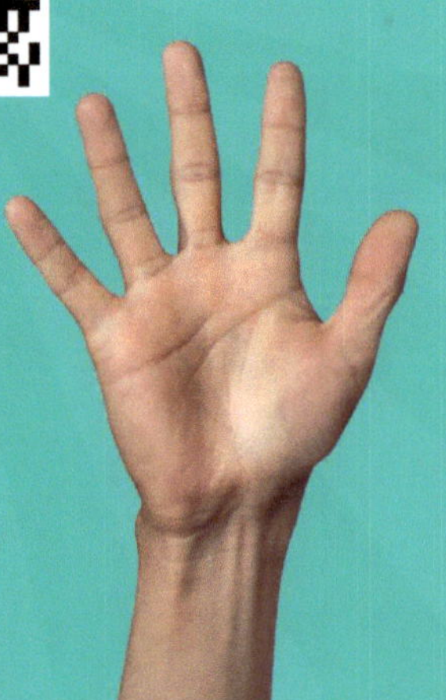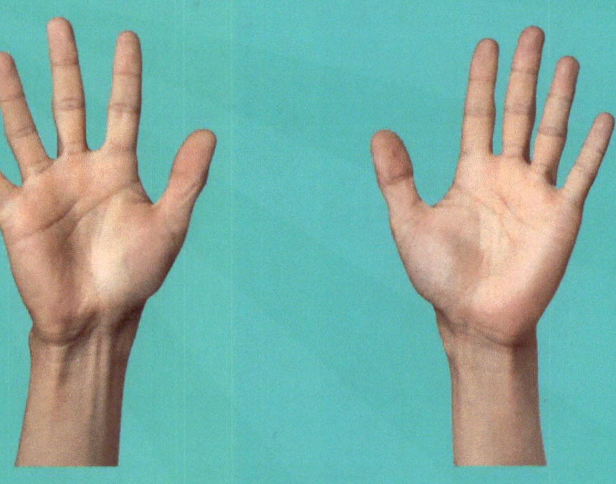

mão

mà

dentes

dents

olho

ull

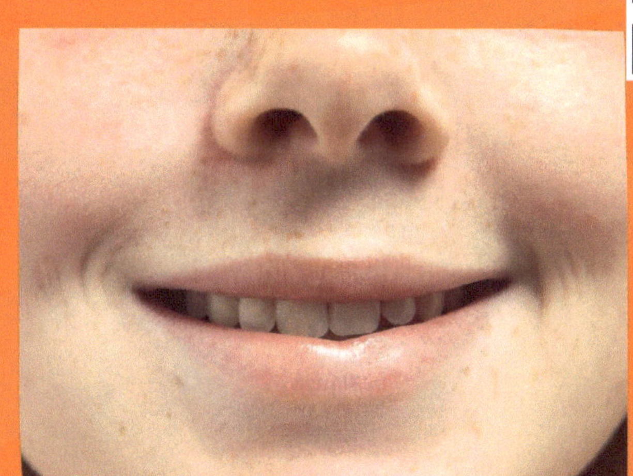

boca

boca

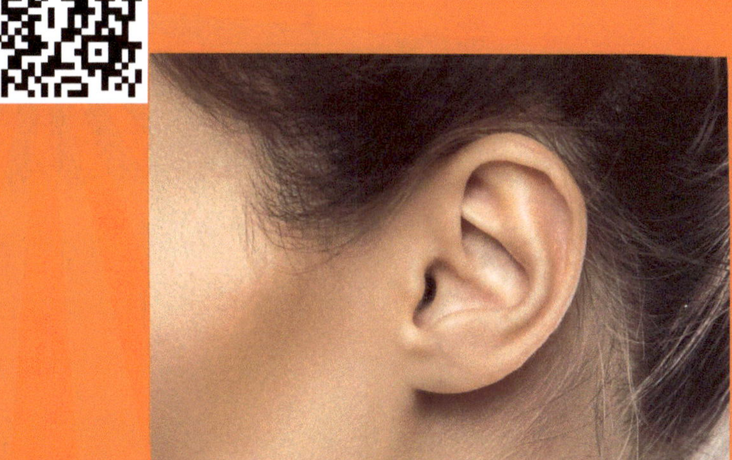

orelha

orella

chapéu

barret

calças

pantalons

vestido

vestit

sapatos

sabates

casaco

abric

cachecol

bufanda

guarda-chuva

paraigua

óculos

ulleres

sol

sol

nublado

ennuvolat

chuvoso

plujós

lua

lluna

www.ingramcontent.com/pod-product-compliance
Lightning Source LLC
Chambersburg PA
CBHW042056110726
48006CB00002B/414